Neo Gestión
Las 5 rutas en tiempos de Postpandemia

Por: Maricarmen Soto-Ortigoza.

DEDICATORIA

Dedicado en cuerpo y alma a mi padre Orlando Soto Hernández, primer abogado de la tierra que lo vio nacer San Francisco, estado Zulia, empresario por más de 50 años, quien creía en el afecto y la diversión, y así impulsó y forjo mi formación, la de mis hermanos emprendedores y los que fueron sus colaboradores que nos sumamos en generar los motores de la Neo gestión.

Maricarmen

CONTENIDO

PRÓLOGO..4

RUTA 1. Revisando las bases de la Filosofía Neuro empresarial..9

RUTA 2. Asumiendo el nuevo escenario postcovid desde la Inteligencia..17

RUTA 3. Generando capital intelectual y tecnológico..25

RUTA 4. La Tecnología amiga..29

RUTA 5. Espíritu Resiliente y gamificador. Hacia la empresa rupturista..30

Evidencias reales obtenidas desde la entrevista en profundidad..

Referencias..48

PROLOGO

> MI TRABAJO NO ES HACÉRSELO FÁCIL A LA GENTE. MI TRABAJO ES HACERLOS MEJORES. ES JUNTAR DE DIFERENTES PARTES DE LA COMPAÑÍA, LIMPIAR LAS VÍAS Y OBTENER RECURSOS PARA LOS PROYECTOS CLAVE. TAMBIÉN TOMAR PERSONAS IMPORTANTES DENTRO DE LA COMPAÑÍA PARA APOYARLOS Y QUE SEAN AÚN MEJORES ".
>
> Steve Jobs

Un escenario inesperado, lleno de incertidumbres, donde los que estamos en el mundo empresarial, en el emprendimiento y la gestión de talento humano, enfrentamos avatares producto de un confinamiento y efectos post pandémicos, situación ésta que obligó a la reflexión y transformación de sí mismo y de las organizaciones que lideramos.

En tal sentido, al leer el producto de años de investigación de los autores de este libro, me corresponde hacer énfasis en la importancia de contar con investigadores y asesores que nos puedan dar luces en el camino de mejoras de procesos administrativos y hasta del mantenimiento del equilibrio psicoemocional.

Es cierto que se vivieron escenarios de incertidumbre en aquel marzo del 2020, pude observar cierres de empresas, desaceleración en la oferta de servicios y productos, contracción de mercados, país y del mundo, así como diversas circunstancias a la que los empresarios nos impactó y que tocó vivir, así se sintieron los primeros meses de pandemia conocida como coronavirus Sars-CoV-2 que mutó a Covid-19, trayendo a la humanidad pesadumbre, casi un shock neurogénico, donde por un espacio la comunicación entre el cerebro y el cuerpo se paralizó.

Allí comenzaron los cambios desde lo interno del individuo, hacia afuera como lo ha dejado en sus escritos el filósofo español Zubirí, enfrentando circunstancias del día-día para supervivir en nuestras organizaciones y en los entornos de la vida cotidiana.

Todo este entramado, sin embargo, ha hecho fluyamos y se tomen las decisiones más asertivas y oportunas dentro del panorama existente, se generaron ideas, herramientas y decisiones y sobre todo se palpó el crecimiento exponencial de la tecnología que tanto ha ayudado en algunos rubros de sectores económicos, con procesos de ensayo y error, pero que en definitiva la esencia del Ser sacó fuerzas innatas para seguir adelante, y triunfar ante la adversidad.

Este libro recoge la experiencia de empresarios de diversos sectores, funcionarios públicos, docentes investigadores, consultores gerenciales, que muestran las diferentes ópticas y perspectivas de dos años de vívida crisis sanitaria y resurgimiento de mercados para volver a una nueva realidad organizacional. La tecnología ha sido la gran aliada, ameritando una verdadera neuro plasticidad o adaptación en cada individuo, de cada organización, en cada rincón de la órbita.

Desde mi formación como marino y a sabiendas de los muchos recursos, empleos y servicios que se generan desde el Mar, debo impulsar la pasión no solo por mi sector, sino por estos procesos de investigación que lleva a cabo los autores de este interesante compendio de lectura fresca, en profundidad, de análisis y de generación de ambientes reflexivos que invitan a decidir, aportando saberes sobre lo que ha venido ocurriendo en las organizaciones producto de la digitalización, la virtualidad, los nuevos tipos de líderes ya sean los ideales y humanos como los tóxicos que han aparecido en la palestra en tiempos de pandemia, y que en definitiva nos invita a lograr introspección para conocer cada ruta administrativa que permita en estos escenarios de incertidumbre, lograr mayores alianzas, lograr nuevas líneas de negocios, y ver que a pesar de cualquier viento en contra, se pueden transformar las organizaciones y seguir creciendo desde la innovación y desde el tesón.

Cómo expresa Maricarmen Soto, allí radican las altas sinapsis cerebrales para tomar la mejor ruta y seguir vivos, coexistiendo en mercados comprimidos, con ética, con astucia, con inversiones, con estrategias, con herramientas blandas y duras que producen negocios inteligentes, para poder hablar de la NEO Gestión.

Es así como este libro de bolsillo NEO Gestión: las dos rutas de la pandemia, se adentra desde la praxeología en el estado del arte de la neuro empresa, el escenario empresarial desde la inteligencia gerencial, la importancia de la creatividad para la nueva realidad, la tecnología como herramienta vital, el espíritu emprendedor, y el proceso metodológico del uso de la hermenéutica y la información relevante a través de entrevistas a empresarios y actores de la vida nacional.

En este orden de ideas, aquí *se* recogen años de investigación de los autores, la gran experiencia de actores que motorizan la vida económica del país y los muchos saberes y herramientas para lograr mantenerse en el mercado con beneficios a una sociedad y para seguir con la calidad de vida laboral acostumbrada, haciendo frente a elementos nacientes como las conductas tóxicas en líderes dentro de un contexto organizacional pero también con aquellos líderes empoderados que trabajan de la mano con su equipo de talentos, lo cual ayuda a decidir correctamente en este dilema ético denominado como las dos rutas, el Neomanagement y el Neuromanagement, algo así como el bien y el mal organizacional.

En esta disyuntiva estoy seguro va a prevalecer el bien, porque los buenos somos más, como lo he disfrutado a través de la poesía mezclada con entrelíneas de saberes en este libro NEO gestión, y que logrará en cada lector enriquecer el cúmulo de pasión que se le impregna a cada proceso desarrollado por aquellos que hacemos parte de una gran sociedad, de un gran país.

NEO Gestión es un invaluable compañero de viaje, de lectura y recorderis para navegar en las turbulentas aguas económicas que nos rodean en estos ambientes de incertidumbre y CRII.

Cap. Manolis Joannou

CEO&Founder de Stward Oil Services-Panamá

@stward_corp

AGRADECIMIENTOS

Prólogo:
Manolis Joannou
Capitán de altura y empresario del sector marítimo

Colaboraciones especiales:
Presidente de Cámara Empresarial Panameña Venezolana CEPAVEN y CAVEX, empresarios, funcionarios públicos, consultores gerenciales y docentes-investigadores:

Eric Espinosa
Orlando Soto
Ricardo Vega
Carlos Godoy
Rubén Prato
Jesús Valbuena
Igor Tello

RUTA 1. REVISANDO LAS BASES DE LA FILOSOFIA NEURO EMPRESARIAL

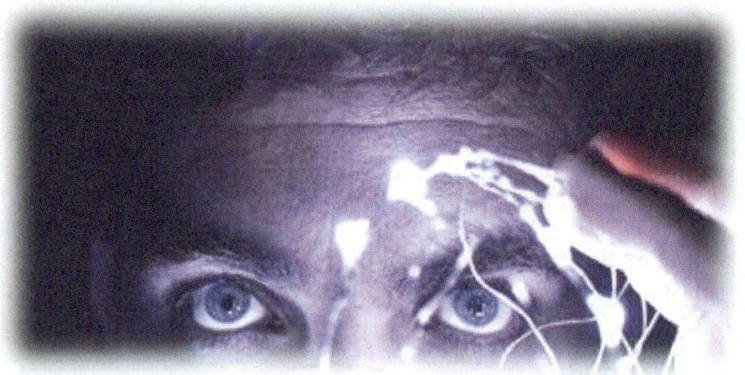

Para ser un empresario exitoso, este debe manejar la ciencia como una herramienta potente de conocimiento y transformación de la naturaleza, el ambiente y las ciencias administrativas y empresariales, que incursiona en el capital intelectual y el perfil de sus talentos humanos.

Allí entra en juego la axiología, praxeología y la epistemología por nombrar tres de las aristas del Rombo filosófico del legado de Bédard[1] a la ciencia, que no es más que un proceso de práctica científica, desde la génesis de la gerencia de manera sistematizada que convierte lo empírico en válido científicamente y procedimentalmente, además hay argumentos teóricos que impulsan cada toma de decisión empresarial con estándares y normativas que dicha teoría y metodología puede garantizar y legitimar con conocimiento en una realidad científica.

---

[1] Bédard (1995), citado por Zapata, Murillo y Martínez (2006) del manual de Organización y Management. Universidad del Valle. Colombia.

[1] Avilés, R. (2022) Despertando al HOMO Economicus, Ajuste conductual para mejorar las finanzas personales. Sextil Online S.A.

Partiendo de que existen tres funciones base en las empresas conocidas como: Soberanía, Protección y Riqueza, el Rombo filosófico arguye que se reconozca el rol central del ser humano en la ciencia administrativa cuyo ADN lleva la impronta de asumir el rol del Homo œconomicus (Stuart Mill, S. XIX) citado por Avilés (2022)[2] concepto este que unifica dos variables para referirse a la especie humana y la factor económico desde la óptica conductual en los procesos organizacionales y que emula al rombo de Bédard que se explica a continuación:

a) Lo axiológico aporta hoy en día a la empresa defiende los valores individuales, sociales y culturales, en donde la ética y la moral son fundamentales. En este sentido, las empresas requieres una filosofía de acción, lo cual aporta la axiología desde la revisión de los valores morales y culturales, así como la esencia que determina costumbres, abarcando el campo de la ética y la moral, así como las leyes y normas que regulan la empresa privada o las organizaciones públicas.

b) Lo praxeológico se refiere a las competencias, prácticas y conductas de ese capital humano. Contempla la práctica y las conductas de las personas en la organización, con palabras clave todas interrelacionadas como actuar-conducir, generar-producir-fabricar obras, materiales, herramientas, resultados e, incluso, habilidades, industriales/empresariales fabriles de productos y/o servicios en los que el hombre/máquina, mediante su desempeño productivo, entre otros, que hacen que la gerencia organizacional cuide el modelo para hacerlo sustentable.

c) Lo epistemológico ciencias de las ciencias, expone en la empresa la innovación a través de la verdad: Validación, proceso crítico, procedimientos de validación, metodología, teoría del conocimiento. Para este compendio en particular, en lo epistemológico tiene que identificarse un problema, que será entonces ese líder conocido como Neomanagement que según Piñuel es un líder psicópata o tóxico que viene surgiendo en las organizaciones producto del impacto neurogénico físico y mental en personas con desequilibrio psico-emocional.

Es por ello, que la epistemología permite estudiar la teoría cognoscitiva, que desde la ciencia ayuda a indagar en profundidad estas variables que ha generado este libro.

Señores empresarios, aunque no lo crean, hoy en época de pandemia, se necesita revisar raíces del conocimiento para seguir adelante y levantarse de este torbellino vivido con la Covid-19. Solución: ser críticos y lograr posturas de cada evento vivido, o fenómeno administrativo, ya sea estrategia, táctica o política una posición epistemológica que articula lo científico con la realidad imperante[3], que rodea cualquier contexto, para aprovechar mejor los recursos y materias primas, con el fin de mejorar la calidad de vida de la especie humana.

---

[3] Vargas, J. (2013). Acercamiento dialógico a la Epistemología en las Ciencias Administrativas.

En este sentido, las teorías y nuevos conocimientos han abierto puertas que engrandece el espíritu del Ser, debido a que la ciencia y la tecnología han dado origen a las innovaciones en pro de los elementos de la postmodernidad en el campo de la economía, la bioética, la política y educación, la tecnología y hoy la bioseguridad entre los sectores socioeconómicos para la supervivencia humana.

La búsqueda de la raíz epistémica apoya la adaptación a escenarios de incertidumbre, la complejidad del entorno, la evolución, la velocidad informática y tecnológica, y la corta durabilidad de los productos y servicios, es decir, el ciclo de vida que ahora es más corto[4].

---

[4] Yori & Hernández, (2010).

Ya el largo plazo no existe, la Covid-19 cambió el mundo, cambio los procesos organizacionales, cambió la vida de cada colaborador. Cúneo[5] plantea que el mundo de disrupción que se observa en los actuales momentos exige a los CEO un argumento y discurso vivo, palpable que permita a sus emprendimientos y empresas lograr los cambios para no desaparecer, más que adaptarse neuro adaptarse. Por ello, se permite inferir que el corto plazo toma hoy una preponderancia fundamental.

¿Qué pasa si te digo que puedes cambiar tu forma de funcionar las ideas en tu cerebro? Y puedes hacerlo desde hoy...

Asumir hábitos es una forma sencilla de hacerlo, todo radica en la forma en que funcionan las mentes, el cerebro dicta como responder al mundo exterior, y solo así se vislumbra los resultados en tu empresa.

---

[5] Cúneo, F. CEO- presidente de Global de Amrop Partnership en Entrevista (2020).

Por ello, al hablar de epistemología ya se sobreentiende que es la rama que se ocupa del conocimiento científico, la raíz de la variable objeto de estudio, en tal sentido, la innovación se entiende para este particular como el puente entre la ciencia y la tecnología con miras a los negocios, entrando en juego la ventaja competitiva. El mondo es un escenario incompleto heredado de diversas culturas y la ciencia ha contribuido a desarrollarlo y ampliarlo.

Tal escenario intenta demostrar la interacción entre la ciencia administrativa y la tecnología y la responsabilidad que ha tenido la humanidad en esta dinámica. Con una comprensión histórica se reforzará; el ritmo del avance científico y se observa que ninguna actividad empresarial se encuentra aislada de los acontecimientos éticos, religiosos, políticos, educativos, filosóficos y económicos que se están viviendo por etapas, sino por el contrario se determinan en sus dinámicas comunes.

Al tocar el tema de las dos partículas interesantes para los actuales momentos como es "neuro empresario" hay que partir de una de las capacidades cerebrales, la creatividad. Las interpretaciones realizadas de la bibliografía de Jung (2014), expone que:

"la obra que late en el alma del Ser antes de nacer es una fuerza de la naturaleza que se impone, con violencia o con sutilidad, sin reparar en el bienestar o dolor del entorno sometido al ansia creadora, es sinónimo del árbol en el suelo que crece, del que se extrae el sustento, quizá forzándolo".

Así mismo, se hace bien considerar el proceso creador como un ser rico implantado en el alma del Hombre..." Se puede decir que la teoría de la creatividad se adhiere al contexto humanista la cual apoya sus raíces epistemológicas en el psicoanálisis y el concepto básico según el maestro Jung de la autoactualización.

Un empresario muchas veces se siente autorrealizado por los bienes o activos con los que cuenta o ha logrado acumular, es y porque cree haber logrado el impulso para la motivación de la creatividad, aprendiendo a drenarla a través de sus negocios, (Carson, 2012). Sin embargo, a muchos la pandemia les mostró una cara de la moneda, porque un evento inesperado reviste un secreto, un enigma, un ¨cisne negro¨[6].

Esto permitió dilucidar que los activos podían desaparecer y seguir funcionando virtualmente, como de hecho muchas organizaciones lo han hecho, siguen funcionando a través de la tecnología, lograron subsistir por la eliminación de costes de esos activos duros relativos en un panorama incierto, que hizo imprescindible una introspección, reinventarse y reflexionar desde la epistemología.

---

[6] Taleb, N (2007), citado por Serbiá, X. (2020). El término Black swan Metáfora que describe un suceso sorpresivo de gran impacto socioeconómico y una vez pasa se racionaliza por retrospección.

Imagen 1. Importancia relativa de activos de una empresa en tiempos de pandemia

RUTA 2. ASUMIENDO EL NUEVO ESCENARIO POSTCOVID DESDE LA INTELIGENCIA.

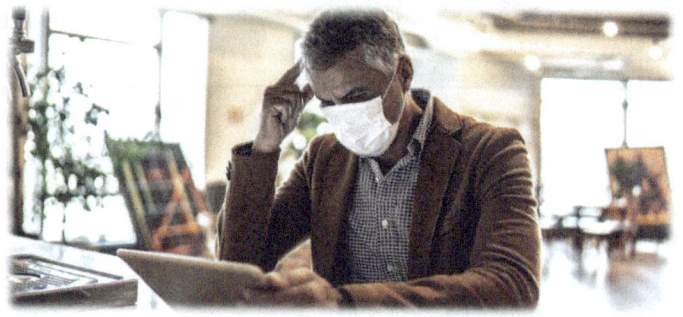

La mente actúa entrelazando sus distintas formas de conocimientos, en el caso de inteligencias y gerencia es necesario que exista un equilibrio, en el cual la inteligencia influye en las operaciones de la razón y ésta filtra sus operaciones en la gerencia, pudiéndose decir que actúan independientes, con circuitos cerebrales distintos, aunque interrelacionados.

La inteligencia gerencial para el nuevo empresario tiene el objetivo de hacer consciencia de la vida emocional en la toma de decisiones, los verdaderos líderes son humanos, tienen sinapsis increíblemente rápidas, han adquirido hábitos para saber dominar impulsos y pensamientos caóticos o caórdicos, con el propósito de empoderar y mejorar las relaciones interpersonales entre sus colaboradores.

Nueve de las capacidades cerebrales entran en juego, son flexibles y adaptables que permiten superar los defectos y debilidades organizacionales: percepción, asociación, creatividad, disyuntiva, autoestima, memoria, recuerdo, análisis y toma de decisiones[7].

---

[7] Morillo, Soto, Soto (2019). Revista Conducta Científica.

Existen otras nueve capacidades que también suelen usar algunos empresarios, son de mayor desarrollo neuronal como son la intuición, en este sentido, se infiere que la creatividad es una de las capacidades del cerebro que hay que estar alimentando y desarrollando constantemente. Expuso (Freud, 1908), citado por Weixlberger (2014), que la capacidad es innata pero una mente creativa ocurre por casualidad, es producto de la gestación del conocimiento creado a lo largo de una vida y la ética científica de quienes son brillantemente creativos, y que dicha energía solo puede nacer del erotismo, la estética y la belleza; sólo éste puede inducir a crear vida desde la teoría enérgico-pulsional del Psicoanálisis.

Además, interviene el Eros y dirige al Ser hacia lo flexible y expansivo, Osho (2011), sobre ello, afirma que si no eres creativo solo eres una copia…es como una fragancia de la auténtica salud. Interesante postura a la cual los investigadores aducen que, por ello, hay que dejar florecer todo lo que yace internamente en cada individuo, la creatividad es eso, modos, estilos, actitudes que deben reflejarse para crear soluciones o proyectos novedosos para una empresa y para el mundo.

Así mismo, Gadner (2011), afirma que la creatividad no muere, puede ser generada en cualquier ámbito de la vida donde la inteligencia intrapersonal juega un papel significativo en dicho proceso de crear. La creatividad se va desarrollando a nivel de cerebro, pero tiene un alto contenido genético-hereditario: desarrollo el pensamiento convergente hacia el divergente, creatividad cuántica del talento humano.

Así los investigadores exponen que existen tres mensajes específicos para cada individuo: la reflexión, que invierte mucho en pensar cómo conseguir lo que se quiere lograr, apalancamiento, que conoce áreas de fortalezas y las empuja y encuadra donde todos fallas en algún momento, generando más motivación para conseguir lo esperado, y las derrotas que son oportunidades de seguir creando.

El tiempo ha influido mucho en las creaciones que han cambiado al mundo u organizaciones, las circunstancias o barreras culturales, económicas o sociales de un país impulsan o frenan en la creatividad de un talento humano. Una vez interpretadas y analizadas algunas posturas filosóficas y modernas sobre la creatividad, los investigadores infieren que la creatividad debe retomarse en las empresas con mucha fuerza, es un aparato impulsador de armonía, hasta felicidad. Es innato y debe retomarse para reinventar la empresa.

En la búsqueda de la raíz epistémica se debe mencionar como primer aspecto el pensamiento crítico creativo que según Torrance (1984), expone que la creatividad da empuje a la innovación, siendo el sociodrama una poderosa dimensión para la solución creativa de problemas educativos en primera instancia y luego en la sociedad, porque hubo la necesidad de desarrollas vías de medir cosas como: autoimagen futura, el amor al trabajo propio, coraje, orientación futura, motivación para conseguir algo y similares, indicadores que desde 1958 comenzaron a manejar la variable creatividad.

En el proceso investigativo se infiere que la Neuroinnnovación es la denominación de la nueva era, pero todo tuvo su raíz en la creatividad para solucionar problemas en el sector educativo y el aprendizaje académico y no académico en discapacitados, por ello, hay que inventar maneras creativas y las nuevas habilidades que han conllevado al nacimiento de emprendedores e innovadores sociales.

En este sentido, Guilford (1983), ha argumentado la creatividad con la teoría de la espiral creativa, basada en cuatro componentes básicos significativos y que a los ojos interpretativos de las investigadoras resulta importante señalar, estos son: fluidez, flexibilidad, originalidad y viabilidad, siendo estos según el autor consultado y con el que se coincide, la columna vertebral del proceso creativo y posteriormente la neuroinnnovación.

Así es como Guilford (1983), expone que la creatividad es el resultado de un modo especial de funcionamiento de las relaciones sinápticas y cognitivas del individuo, conduciéndolo hacia el logro de acciones y/o productos novedosos, originales y altamente valorables... Una vez que la idea se hace realidad se cierra el Espiral Creativo, porque ya se logró el producto innovador.

Asimismo, Echeverría (2008), afirma sobre la innovación como paso continua a la creatividad que no es un fin en sí misma, sino que existe en las organizaciones para que crezca la producción y la productividad, es decir, aumenta la competitividad de una empresa, así lo refiere la concepción Oslo o Manual de Oslo el cual acota sobre aspectos económicos y empresariales pero, que a diferencia de la innovación social es la temática de la calidad de vida, el bienestar, los valores, la inclusión social, la solidaridad, la participación ciudadana, lo ecológico, la salubridad, la eficiencia de servicios públicos o el nivel educativo de la sociedad.

En este sentido, se infiere que la innovación social viene a ser el medio para incrementar el valor social en toda la magnitud de la palabra, que, al unirlo a lo neuro, el espectro incluye las capacidades cerebrales para dicha innovación, aspecto que empezó a ser incluido con modificaciones en los argumentos teóricos que versó sobre la innovación social.

Lorca (2013), expone que la innovación social es el proceso y el resultado, de la transformación de una idea de valor; dando siempre una respuesta a una necesidad o circunstancia real en los individuos, donde la utilidad social generada sea al menos tan importante como el retorno social, económico o de la inversión. Un nuevo orden social sostenible, requiere ser más solidario, la innovación y la participación.

El término neuro muy respetado y también muy tratado últimamente conjuntamente con otras disciplinas se ha tornado universal, la era neuro, así García-Albea (2011), expone que hay un auge de lo neurológico, quizá no hacía falta el boom del estudio neurocientífico para saber la importancia que reviste el funcionamiento del sistema nervioso central en el control del resto de las funciones del organismo, porque de éste depende la conducta, la capacidad y hasta el logro de los individuos.

El estudio de las relaciones sociales en la historia de las neurociencias nace a partir de 1980, hoy en día se puede decir que las neurociencias casi compiten con la psicología y la sociología en el contexto comunicacional. Así lo expresan Amil y García (2010), quienes están conscientes que de los recursos que se le ha aportado para esta línea investigativa, que no es un campo homogéneo, porque son varios los métodos, saberes, instituciones y profesiones del área de la salud, además de los actores e instituciones no científicas.

Ahora bien, al hablar de la aplicación de una disciplina no es más que crear soluciones a problemas prácticos para la sociedad y se nutre de saberes de otras disciplinas por ello, la proliferación de lo neuro a áreas científicas como la psicología, la administración, la ergonomía, la mercadotecnia, entre otras, y lo más importante es que las soluciones que aporten serán innovadoras en las diferentes áreas en términos de salud, bienestar personal, seguridad laboral, calidad de vida, sin dejar de lado es estado de alerta ante todo aquello que tenga la etiqueta de neurociencia aplicada como lo denomina **Correa (2008)**, lo cual amerita profundos procesos de reflexión sobre todas las aplicaciones disciplinares cuando entre en dilema la ética y la moral.

La Comisión Europea (2015), expone que el conocimiento del cerebro humano puede ser la única vía de solución de problemas sociales, médicos y educativos que alteran la vida del ciudadano europeo. En América Latina, se ha hablado de la importancia de la evolución cerebral al servicio de las sociedades a través de investigaciones científicas sobre la socialización del conocimiento en universidades, sin embargo, es una quimera actualmente pensar en un cerebro evolucionado altamente en estos países que dan prioridad a otros proyectos más económicos que sociales.

Se infiere de lo anterior, que el emprendimiento social es una tendencia final de los negocios cuando el contexto es ordenado, planificado, controlado y genera beneficios a otros del entorno con elementos de la productividad como lo es la sensibilidad a procesos justos internos de una organización.

RUTA 3. GENERANDO CAPITAL INTELECTUAL Y TECNOLOGICO.

Retomando el Modelo Intellectus, que surgió en 1998, esta herramienta hoy en día sigue aportando el empoderamiento a los miembros de una organización desde varias ópticas: capital intelectual, generación de conocimientos y relaciones interinstitucionales tan importantes en tiempos de pandemia.

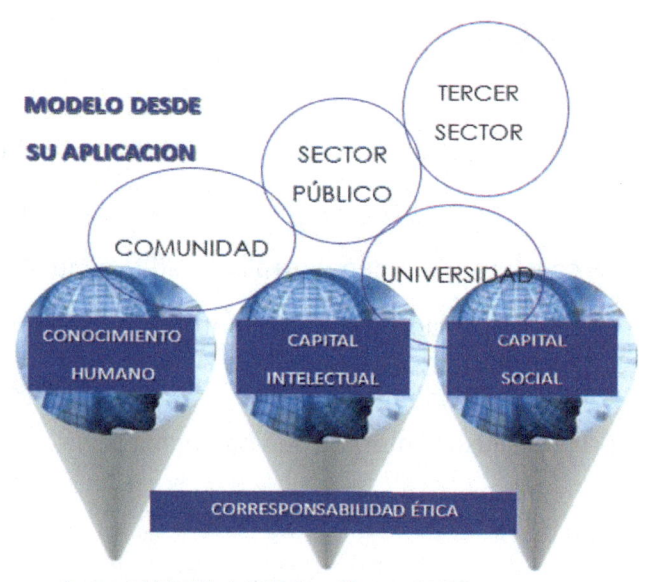

Imagen 1 Modelo Intellectus. (Bueno, 2011)

Es interesante acotar que esta metodología que da aplicabilidad al modelo Intellectus se justifica por la necesidad de adaptar la lógica de análisis y su método a la propia naturaleza del concepto de capital intelectual, de carácter plural y multidimensional a la hora de observar el conjunto de activos intangibles que lo integran o el conjunto de componentes principales, elementos y variables que lo configuran morfológicamente a una organización.

Capital Organizativo es el conjunto de intangibles de naturaleza tanto explícita como implícita, tanto formal como informal, que estructuran y desarrollan de manera eficaz y eficiente la actividad de la organización.

Sus elementos constitutivos son: la cultura, la estructura, el aprendizaje organizativo y los procesos en que se soporta la actividad productiva tangible o intangible de la organización.

En el contexto universitario y en el de los centros de investigación sus elementos serían, por ejemplo: los recursos bibliográficos, los recursos generadores de datos empíricos secundarios y los recursos financieros disponibles.

Capital Tecnológico se refiere al conjunto de intangibles de base técnica o que están directamente vinculados al desarrollo de las actividades y funciones del sistema técnico de operaciones de la organización, responsables tanto de la obtención de productos con una serie de atributos específicos y del desarrollo de procesos de producción eficientes

El Capital Tecnológico se compone de cuatro elementos fundamentales: el esfuerzo en I+D+i, la dotación tecnológica, la propiedad intelectual e industrial y los resultados de la innovación.

En el contexto universitario y en el de los centros de investigación, sus elementos serían, por ejemplo: las infraestructuras básicas y los recursos generadores de datos empíricos primarios.

Capital Negocio contempla el valor que representa para la organización las relaciones que mantiene con los principales agentes vinculados a su proceso de actividad básica (la investigación, en el caso de nuestro proyecto de estudio).

El Capital Negocio, en el contexto empresarial, se compone de seis elementos básicos: las relaciones con clientes, las relaciones con proveedores, las relaciones con accionistas, instituciones reguladoras e inversores, las relaciones con aliados, las relaciones con competidores y las relaciones con instituciones de promoción y mejora de calidad.

En el contexto universitario y en el de los centros de investigación sus elementos serían, por ejemplo: la colaboración con empresas y otras instituciones públicas para la realización de proyectos de investigación

Capital Social se refiere al valor que representa para la organización las relaciones que ésta mantiene con los restantes agentes sociales que actúan en su entorno, expresado en términos del nivel de integración, compromiso, cooperación, cohesión, conexión y responsabilidad social que quiere establecer con la sociedad.

El Capital Social se compone de los siguientes elementos: las relaciones con las Administraciones Públicas, por ello se deben amarrar los proyectos con los planes de gobierno, las relaciones con medios de comunicación e imagen corporativa, las relaciones con la defensa del medio ambiente, las relaciones sociales y la reputación corporativa (Bueno, 2002c).

En organizaciones del sector educativo específicamente contexto universitario tienen centros de investigación donde pueden generar gestiones sostenibles con este componente de gran relevancia impulsando la pertenencia a sociedades científicas y participación en reuniones científicas, siendo un ejemplo alcanzable.

RUTA 4. LA TECNOLOGIA AMIGA.

La tecnología tiene un papel primordial lo cual hace sufrir una metamorfosis neuronal que permite abrir el abanico de posibilidades y manejo de estas herramientas, lo ideal ha sido asumirla con fuerza con apoyo de consultoras gerenciales, de formación permanente al talento, creando ramas de adiestramientos en la adaptación y actualización de las diversas plataformas y Apps existentes hoy en día para agregar la chispa humorística a las jornadas laborales. Ejemplo de ello son: Deloitte, IBS, Google, Kodak, entre otras.

Las plataformas han sido cruciales en este escenario vivido con la pandemia, su crecimiento exponencial se adelantó y llevó a la adaptación, inversión de actualización de y capacitación en colaboradores, así como el impulso del Teletrabajo como herramienta de trabajo remoto, el uso de e-commerce, m-commerce, han sido vitales para desempeñarse las empresas en épocas difíciles y seguir activas en sus negocios.

RUTA 5. ESPIRITU RESILIENTE Y GAMIFICADOR. HACIA LA EMPRESA RUPTURISTA.

Cuando los escenarios cambian inesperadamente por alguna fuerza externa que no se controla, el empresario debe tener alto coeficiente ante la adversidad, en tan sentido aparecen los procesos resilientes ocupando un lugar primordial en el rediseño de la concepción ante la vida del Ser.

Autores como Luthar y otros (2006), la definen como un proceso dinámico que tiene como resultado la adaptación positiva en contextos de gran adversidad o impacto físico y mental.

Así mismo que, la resiliencia se sugiere vaya junto al humor, lo cual etimológicamente significa "miedo a la muerte"...el humor mantiene vivo el cuerpo y que al reír un individuo se mueven 12 músculos de la cara, uno más que cuando se está triste, o se frunce el ceño, pero lo importante es que el Ser resiliente forma una alianza con el humor potente para el éxito emocional y por ende organizacional.

Al analizar estos eventos resiliencia y humor en procesos postpandémico, la teoría apoya como el de Cyrulnik y Anaut (2016), Turienzo y Salas (2011), Jáuregui y Fernández (2011), los cuales ofrecen resultados que permiten una empresa inteligente tomando en cuenta el balance de factores de riesgo.

En las empresas caóticas, sin disciplina, su capital humano puede llegar a asumir la resiliencia y el humor cambiando la organización a una empresa exitosa y productiva. El mundo palpable y real ha vivido alejado de estos componentes, por ello entre los individuos debe existir una búsqueda incesante que cree consciencia de la necesidad de estas herramientas ya que ayudan a soportar las incertidumbres y circunstancias del entorno dinámico y global, el aumento del coeficiente ante adversidades y la toma de decisiones para superar cualquier circunstancia o crisis organizacional entre su capital humano.

Se le quiere dar respuesta a unas preguntas del día a día:

¿Por qué se observa un empeño en querer hacer la vida más difícil?

¿Cómo generar talento humano más feliz y exitoso?

¿Por qué no plantear proyectos en las organizaciones para llegar y salir siempre feliz de casa y resiliente?

A raíz de estas interrogantes es que se hizo el acercamiento a las respuestas de las preguntas sobre resiliencia como protector del aguante del Ser y el humor como herramienta de oxigenación en el trabajo como factor emocional de la resiliencia.

Cómo siempre hay que revisar lo escrito a través del tiempo sobre las temáticas, Turienzo y Sala (2011), exponen que es resiliencia y se puede inferir que la misma es la capacidad de superar la presión emocional, y no solo recuperar nuestro estado inicial, sino además salir fortalecidos.

Es aquella actitud proactiva necesaria en el talento humano para afrontar un escenario caótico y la habilidad de un coach o responsable para gestionar a sus equipos y crear la metodología sostenible en el menor tiempo sobre la gerencia de las emociones, entendiendo por gestión sostenible aquella que se centra en la persona, busca el cuidado del medio ambiente y genera economía.

No se trata de volar hacia otro lado ni de decir un "sálvese quien pueda", nooo se trata de aprender la resiliencia, trabajar entre los equipos mutuamente, de resolver un nudo crítico o negativo que se presente y potencie la salida del conflicto con eficacia y paz. Así que, aunque se escuche extraño, **¡hay que trabajar para ser resilientes!**

Es importante destacar ejemplos de empresas exitosas que han trabajado con estas herramientas emocionales, como Google, quien permite entre sus normas la ropa liviana para ir a trabajar, se autodenominan googlers entre ellos, poseen espacios para jugar y resistir la presión que puede generar la generación de tecnologías e innovación, y están conscientes que son adorados por miles de internautas que dependen de este buscador como un oráculo...cómo dice mi amigo Jan Moller..." Todo es en GOOGLE...".

Google, en esos espacios de esparcimiento (game rooms)[8], tienen salones completos con juegos de PlayStation, curiosos pufs, cómodos sillones para relajarse, futbol de mesa, pingpong, masajes, entre otros elementos antiestrés que se enmarcan en una regla conocida como la regla 70-20-10.

El 70% lo dedican al negocio principal de la empresa que es la búsqueda de información, el 20% nuevos productos que no se relacionen con el buscador y el 10% para activar el juego y la innovación, cualquier idea nace con ello, aunque sea disparatada o excéntrica, que a la vez se traduce en salud emocional, Jáuregui y Fernández, (2011), exponen, que el humor es uno de los factores de la resiliencia, y nace del modelo angloamericano del serious Bussines.

---

[8] **Efecto GOOGLE ¿Sirven los game rooms en las oficinas?**
https://www.forbesargentina.com/negocios/efecto-google-sirven-game-rooms-oficinas-n47

A continuación, se presentan ejemplos de innovación y uso del esparcimiento o game rooms en las empresas (con fines investigativos):

Imágenes 1 y 2 Game rooms Google

Fuente: Google (2022).

Imagen 3, 4 y 5

Fuente: Google (2022).

Imagen 3. *Laboratorios de Innovación empresarial en Latinoamérica*

Fuente AES Panamá (2022)

Fuente: Globant Costa Rica (2022)

La gamificación es un modelo que puede tener sus ventajas y desventajas a nivel organizacional, pero bien llevado a sido un éxito desde las innovaciones de los jóvenes informáticos de California cuando se crearon el internet y los móviles, por ello, se puede decir con seguridad que las empresas que no asuman este modelo de humor con tecnología se quedan rezagadas, y con la era postpandémica y el crecimiento exponencial de la digitalización, con más razón, por ello, en la medida que la educación abarque el desarrollo profesional de un talento humano y aumente la capacidad sensorial ante el hecho de ser resilientes, serán mayores los niveles de productividad de la empresa.

La gamificación o humor en el trabajo no ha existido siempre, es apenas una innovación naciente culturalmente en la historia de la humanidad, para la autora la fórmula en la que se basa la proactividad, la resiliencia y la productividad, obteniendo mejores seres humanos y organizaciones exitosas, saludable y productivas, con CEO y ejecutivos que empoderan y trabajan batutas y bombines gerenciales, y el ambiente estaría comprometido con los cambios del entorno, con un talento humano con altos niveles de resistencia ante adversidades y trabajando cada vez mejor.

Para las evidencias reales se llevó a cabo una serie de entrevistas a empresarios, funcionarios públicos, consultores gerenciales y de social media, que pudieron emitir su opinión al respecto es este escenario, lo cual se desarrolla a continuación:

Figura 2. *Sectores económicos entrevistados*

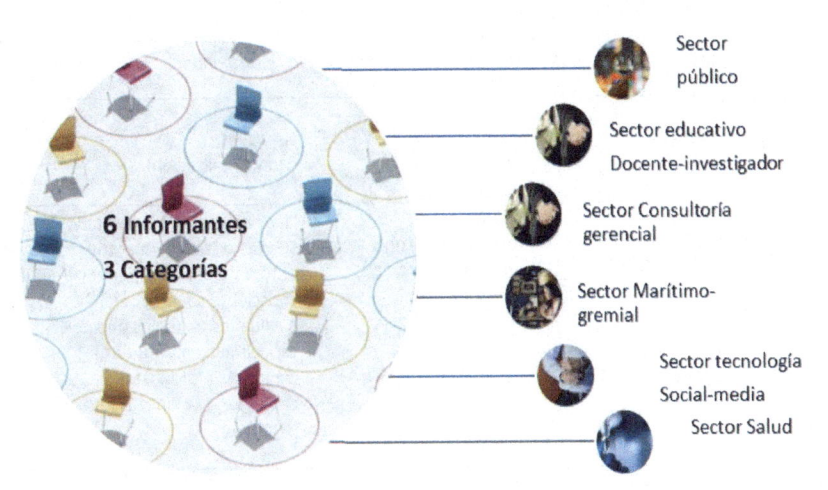

- Sector público
- Sector educativo Docente-investigador
- Sector Consultoría gerencial
- Sector Marítimo-gremial
- Sector tecnología Social-media
- Sector Salud

6 Informantes
3 Categorías

Fuente: Soto (2022).

La siguiente tabla expone las preguntas que engrosaron la entrevista y la opinión reducida fenomenológicamente, de cada informante entrevistado para los efectos de la investigación enmarcada en el enfoque cualitativo de P. Ricoeur (2016):

Tabla 1. *Preguntas de Entrevistas en profundidad a los informantes*

	Categorías	PE (Preguntas de la Entrevista)	H (Horizontalización)
Pregunta 1	Desafío Organizacional	¿Cómo experimentaron sus empresas la crisis sanitaria?	"los horizontes son ilimitados". "Cada horizonte, mientras entra en nuestra experiencia consciente se considera cualidades textuales que nos capacitan a entender una experiencia". Moustakas, 1994, citado por Martínez &Soto (2015)
Pregunta 2	Neomanagement Neuromanagement	¿Qué observaron en el comportamiento de gerentes y colaboradores, llevó a nuevas decisiones, herramientas y/o en su entorno empresarial para mantenerse sanos y activos en el mercado?	
Pregunta 3	Elementos transformadores	¿Qué recomienda a su sector empresarial en estos momentos de escenario pandémico?	

Fuente: *Elaboración propia (2022).*

A continuación, se exponen extractos de las respuestas literales obtenidas de los informantes dentro del proceso metodológico fenomenológico aplicado al mismo, las mismas son tomadas de los datos expresados de cada informante textualmente dentro del enfoque cualitativo, respondiendo a las categorías planteadas en la tabla 1 sobre la gestión llevada a cabo como desafío organizacional, las posturas ante comportamientos observados como el Neomanagement y el Neuromanagement, que llevan finalmente a las propuestas de los elementos transformadores que los empresarios, consultores y funcionaros opinaron de acuerdo a su óptica experiencial.

Informante 1. Funcionario público: "En Panamá en época de pandemia los cconceptos - propaganda estatal se refirieron a los aspectos éticos y morales como si fueran ambas cosas lo mismo – la sociedad reflectora de errores-direcciones de gobierno elaboran políticas internas y no se decidió exactamente preceptos que son fundamentales para la sociedad. Anteponer el tema de la salud frente al tema económico sectores empresariales -la producción se hace en función del hombre y la producción si no tienes al hombre con salud mal podrías tu hablar de crear la riquezas - problema axiológico se trastocaron los valores -el país no vuelve una nueva normalidad sino nueva realidad- dilema ético. Hubo temor de que este tipo de esfuerzo desde abajo pudiese convertirse en algún momento en algún tipo de organización - comunidad con mejor grado de información y mayor educación donde frente al tema pudiéramos haber hecho algo mejor, pero sin embargo no se dio y ahí están los resultados".

Informante 2. Funcionario público en funciones en el sector académico: Enfatizó lo siguiente: "En Panamá no solamente sino en todas partes del mundo se observa algo más folklórico, lo que dicen "ese robó pero hizo" es normal en Latinoamérica, y aceptamos que las cosas no anden correctamente y desde el punto de vista que nosotros podemos dar al matiz porque al final eso está vinculado a un fenómeno de la corrupción que per se no solamente nace y se producen en el sector gubernamental sino que lleva como brazo de una tijera el sector privado, pues al final un ejemplo del tema es que estamos tocando lo aflorado por la pandemia. El concepto económico que le ha permitido acceder a fondos públicos y lograr una riqueza de manera incontrolable que al final del día en el manejo de la pandemia per se es una justificación y que posiblemente el extender la misma es porque le favorece a las personas que están tanto en el sector público, sector gubernamental amasando dicha riqueza y que al final indistintamente que se pierdan vidas automáticamente restrinjan las capacidades productivas.

Al final del día todos estos elementos que estamos viendo como valores éticos se dice se viene perdiendo de mucho antes, es más podríamos decidir de una perspectiva económica que el modelo económico de Panamá que fue diseñado por la década de los 70 prácticamente está desgastado tiene más de 50 años del mundo moderno es un mundo más dinámico más activo pero que al final también hay una responsabilidad social empresarial no solamente de las empresas, no solamente los gobiernos sino también de los ciudadanos.

En ese juega vivo que tenemos acá como cultura nos está afectando y que como país no nos permite crecer porque al final ni una participación ciudadana porque también dejamos muchas de las cosas en manos de los políticos y cuando uno que ha tenido experiencia en diferentes ámbitos del sector público entiende y ve esas cosas muchas veces políticas no le no le conviene.

…Hay que saciar supuestamente ese apetito voraz de muchas personas que no entienden que tienen una función pública para servir y no para servirse y al final entienden y quieren las organizaciones o empresas porque también eso yo le digo no solamente es algo atribuible solo al sector público sino también al sector privado, uno solo por si no funciona también hay un sector privado corrupto que pagan las coimas y aumentan los desafíos".

Informante 3. Empresarios. CEO del sector marítimo y presidente de la Cámara empresarial: "El mundo empresarial en general con los últimos acontecimientos de la pandemia pues ha visto sacudido en su enfoque muchas empresas pues perdieron mercados-y se tuvo que ubicar otros mercados, diseñar sus productos y servicios de otra manera, reinvención las empresas, revisar las gestiones de gerentes y colaboradores, en búsqueda de la transformación interna de las empresas y de la gerencia hacia las tecnologías virtuales – en el momento fue difícil, pero poco a poco se logró conectar a todos los agremiados a todas nuestras empresas conectarlas con el resto de las cámaras binacionales que hacen vida en otros países – con el espíritu, ánimo y motivación por buscar soluciones en la pandemia con reuniones virtuales -pudimos ubicar nuevos clientes nuevos mercados y con esa red porque ahí hubo un intercambio no solamente comercial si no un intercambio de información - área de construcción en el área inmobiliaria en el sector de energía en el área alimentos en el área metalmecánica pues hay varios casos de éxito que durante la pandemia".

Informante 4. Empresario del sector salud y construcción: "Nuestro grupo de empresas ha tenido dentro de su visión y plan de negocio, aún desde antes de la pandemia, una estrategia multinacional, multisectorial y multiproyectos, que permitieron, con el acaecimiento de la crisis sanitaria, un manejo diverso en función de cada uno de los escenarios en que se encontraban esas empresas, incluyendo la gestión de los talentos humanos, pero con la tranquilidad de que, en términos genéricos, el conjunto de empresas podría trascender, apoyándose unas con otras, así como ha sido en crisis anteriores.

En el sector salud, nos vimos desbordados por la demanda de pacientes, que generaron presión por la ocupación de nuestras instalaciones. Los retos principales planteados fueron: 1) Vencer el miedo ante lo incierto de la enfermedad, en el personal, y el contagiarse con la enfermedad, a los fines de poder atender a los pacientes; 2) Carencia de suministros e insumos, por cuanto ante la incertidumbre, se incrementaron los costos de los descartables, o eran entregados en pocas cantidades; 3) Lograr crecer en las instalaciones físicas de una manera acelerada, a los fines de incrementar la capacidad de atención y; 4) El manejo de pacientes contagiados con COVID, vs. Los pacientes que estaban en las instalaciones por otras situaciones; 5) Afloraron comportamientos de individuos que no eran cónsonos con la lucha por la supervivencia empresarial y tuvieron que ser liquidados de las planillas. (Neomanagement).

En el sector financiero, los principales desafíos fueron los siguientes: 1) Incertidumbre sobre la capacidad de pago de los clientes afectando los ingresos pasivos que se generaban por transacciones financieras. 2) Posibilidades de contagio entre los colaboradores y con los clientes. 3) Volatilidad en cuanto a decisiones normativas a nivel financiero, laboral y sanitario, los cuales restringían el libre movimiento de la economía en general, y del personal en particular. 4) Atención a gastos fijos vs. una productividad de los recursos en decrecimiento.

En el sector de gerencia de proyectos, se nos presentaron varias situaciones: 1) Disminución de los flujos de efectivo de los proyectos por falta de pago de los clientes; 2) Intervención de un banco local, meses previos a la pandemia, que afectaron la liquidez y disponibilidad patrimonial de la empresa; y 3) Los puntos 2, 3 y 4 del sector financiero, fueron comunes al sector de proyectos también.

Protección de la liquidez: se dio un papel más preponderante a Tesorería, a los fines de aprovechar estas incertidumbres en los mercados de capitales y generar negocios de alto reditúo.

Tanto en el sector financiero, como en el de gerencia de proyectos, se migró de una manera rápida a atender a clientes, pero con una concepción basada en el Neomanagement, que apoyaron los modelos de negocio o sectores en el que se encontraban, por ser los más demandados en la época de crisis. Entre los elementos trasformadores decididos se procedió a alquilar galeras a empresas que tuvieran que ver con comercialización de productos médicos y alimenticios.

Se procedió a entregar facilidades crediticias a estos mismos sectores, más los de cadena de transporte, buscar nuevos nichos de mercado, siendo fiel a los objetivos estratégicos que tiene en su organización.

Y sobre la gestión tecnológica que llegó para quedarse, debe lograrse la digitalización y rapidez en los procesos para generación de ventajas comparativas".

Informante 5. Consultores gerenciales: Cada crisis es una oportunidad, utilizando la tecnología pudimos sobrevivir y la crisis se volvió una oportunidad de negocio. Afrontar los retos y no perder el rumbo, establecer nuevas metas, redirigir las estrategias, contención del gasto. Seleccionar colaboradores eficientes y humanos. Las plataformas ZOOM, TEAM, MOODLE, ETC ayudaron a enfrentar la crisis y dar respuesta a nuestros clientes.

Medir la lealtad del cliente fue importante, la calidad y sobre todo ser efectivos, abrir nuevos mercados que aún no habían sido desarrollados hasta antes de la pandemia. Contracción del gasto, ser más eficientes y movernos menos utilizando las plataformas de tecnología para no perder el contacto con los clientes. Gastar menos: medir los 7 desperdicios con mayor efectividad para encontrar puntos de ahorro. Ser más eficientes Medir sus operaciones con mayor precisión. Diversificar operaciones y mercados".

Informante 6. Sector Marketing digital y redes sociales: "en nuestro caso, la empresa es una agencia de mercadeo digital enfocada en servicios de manejo de redes sociales, publicidad digital y branding.

La crisis sanitaria tuvo un impacto negativo en nuestros ingresos durante el mes de marzo y abril 2020, precisamente en las semanas en las que el empresario estaba resguardando su capital. A partir de mayo 2020 hubo un incremento en ingresos, clientes y proyectos, debido a que los proyectos en digital tomaron mayor fuerza a partir del año pasado. Con respecto al teletrabajo no tuvimos ningún cambio, puesto que trabajábamos en esa modalidad desde el 2014.

Principalmente, tuvimos que reactivar las asesorías de marca, reforzar el servicio de publicidad digital, agregar mayor número de reuniones estratégicas con el cliente, incrementar los seguimientos a los proyectos, empaquetar servicios de branding, relanzar cursos de redes sociales para atraer audiencia.

Recomiendo hacer una revisión de estrategias digitales de sus negocios, puesto que la pandemia nos ha enseñado que, ante una mayor distancia social, las herramientas digitales representan una opción para el crecimiento en volumen de ventas y rotación de productos ".

Las imágenes a continuación muestran los impactos al talento humano y a la empresa en la época postpandémica:

Imagen 1

Imagen 2

NUEVO COMIENZO

Un gran abrazo lleno de afectos,
él porque es muy sencillo
solo para cubrirles
con luces rosadas, moradas y vino

Esas las regala el aura
se irradian al sonreír
y por ello he de decir
empresario es por ti
que te cuides un sin fin

Que tu camino al andar
esté lleno siempre de éxitos
pero aún más importante y rezo
por tu entorno siempre ileso
en el Mar o el cualquier contexto

La Covid-19 por allí ha de andar
y tú con alerta has de estar
pero que honrado el Dios te tendrá
bien cuidado en un total

En este nuevo comienzo
solo augurio tu buen cerco
al pedirle a un gran talento
que cuide sus pasos y su aliento

Solo con salud y en pleno
emprendedores y empresarios
hace feliz el entorno entero

El mundo espera por ti
para empezar de nuevo
en tecnología y presto
este día...este FELIZ COMIENZO...

Maricarmen Soto-Ortigoza, PhD.

REFERENCIAS

Avilés, R. (2022) Despertando al HOMO Economicus, Ajuste conductual para   mejorar las finanzas personales. Sextil Online S.A.

Bédard (1995), citado por Zapata, Murillo y Martínez (2006) del manual de Organización y Management. Universidad del Valle. Colombia.

Benítez, L. (2015). Carl Jung para leer en 30 minutos.

Cúneo, F. (2020). *El corto plazo es el nuevo largo plazo*. CEO- presidente de Global de Amrop Partnership en Entrevista.

Jiménez, A. Gómez, V. (2019). Neomanagement, el lado oscuro de las organizaciones y el conflicto trabajo-familia: Reflexiones críticas y propuestas de líneas de investigación. Revista universitaria Ruta Vol. 21 I/Universidad Autónoma de Chile.

Jung, C. (2014). Jung, C. (1933). El hombre moderno en busca de un alma. By Mariner Books. USA

Morillo, Soto, Soto (2019). Psicolingüística para la conducta y la salud del individuo en organizaciones hospitalarias inteligentes. Revista Conducta Científica.

Piñuel, I. (2008). Mi jefe es un Psicópata.

Soto, M., et. al. (2021). Radiografía crítica de un entorno corporativo tóxico desde la óptica del Neomanagement

DOI:10.5281/zenodo.1108629.https://www.researchgate.net/publication/356 93240_RADIOGRAFIA_CRITCA_DE_N_ENTORNO_CORPORATIVO_TOX CO_DESDE_LA_OPTICA_DEL_NEOMANAGEMENT

Taleb, N (2007), citado por Serbiá, X. (2020). El término black swan Metáfora que describe un suceso sorpresivo de gran impacto socioeconómico y una vez pasa se racionaliza por retrospección.

Vargas, J. (2013). Acercamiento dialógico a la Epistemología en las Ciencias Administrativas.

Yori & Hernández, (2010).

Soto, M., Morillo, R., Labrador, L. (2015). Inteligencia gerencial en el sector educativo universitario: una mirada desde la Neurogerencia. I Jornada Binacional de investigación. Memorias CICAG ISBN: 978-980-414-017-4. Universidad Dr. Rafael Belloso Chacín. URBE.
https://www.urbe.edu/jornada-binacional investigacion/memorias/cicag.pdf

Referencias de obras clásicas:

Freud, (1908), citado por Weixlberger (2014), citado por Soto, et. al. La creatividad
https://www.urbe.edu/investigacion/centros/cicag/en cuentro creatividad/EncuentroCreatividad.pdf
Encuentro de Creatividad, Innovación y Emprendimiento. ISBN: 978 980-414-031-0

Made in the USA
Columbia, SC
07 September 2023